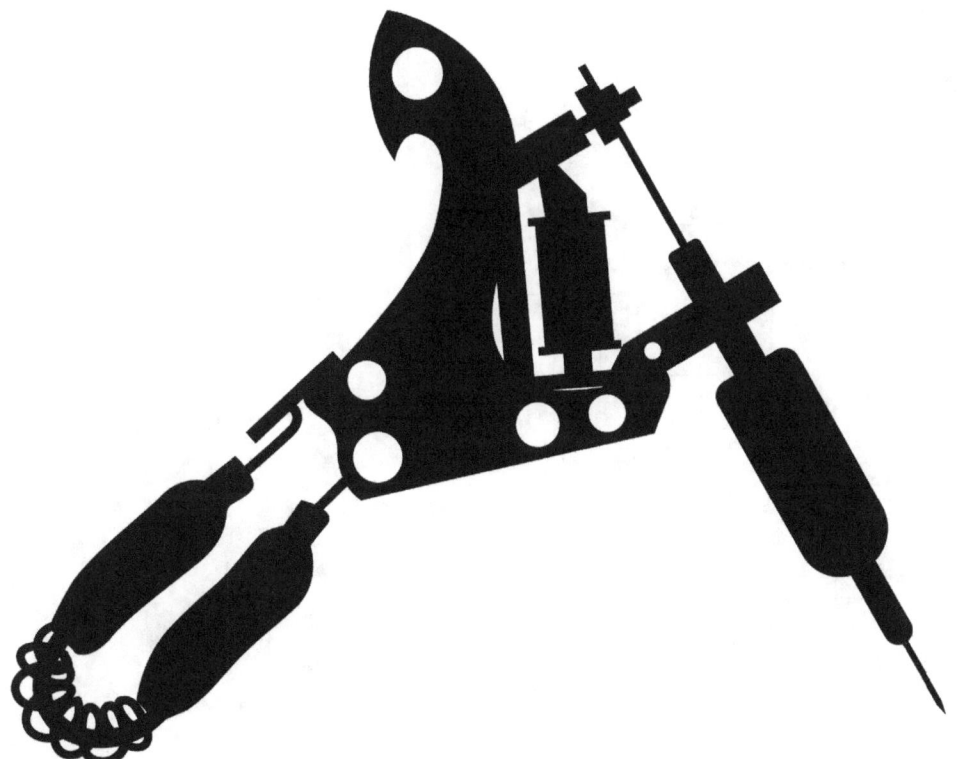

Nombre:_____

Tatuaje

Diseño:

Cliente:

Fecha prevista:

Paleta de colores

Lugar de aplicación

Diseño previo

Detalle 1

Detalle 2

Notas

Tatuaje

Diseño:

Cliente:

Fecha prevista:

Paleta de colores

Lugar de aplicación

Diseño previo

Detalle 1

Detalle 2

Notas

Tatuaje

Diseño:

Cliente:

Fecha prevista:

Lugar de aplicación

Paleta de colores

Diseño previo

Detalle 1

Detalle 2

Notas

Tatuaje

Diseño:

Cliente:

Fecha prevista:

Paleta de colores

Lugar de aplicación

Diseño previo

Detalle 1

Detalle 2

Notas

Tatuaje

Diseño:

Cliente:

Fecha prevista:

Paleta de colores

Lugar de aplicación

Diseño previo

Detalle 1

Detalle 2

Notas

Tatuaje

Diseño:

Cliente:

Fecha prevista:

Lugar de aplicación

Paleta de colores

Diseño previo

Detalle 1

Detalle 2

Notas

Tatuaje

Diseño:

Cliente:

Fecha prevista:

Lugar de aplicación

Paleta de colores

Diseño previo

Detalle 1

Detalle 2

Notas

Tatuaje

Diseño:

Cliente:

Fecha prevista:

Lugar de aplicación

Paleta de colores

Diseño previo

Detalle 1

Detalle 2

Notas

Tatuaje

Diseño:

Cliente:

Fecha prevista:

Paleta de colores

Lugar de aplicación

Diseño previo

Detalle 1

Detalle 2

Notas

Tatuaje

Diseño:

Cliente:

Fecha prevista:

Paleta de colores

Lugar de aplicación

Diseño previo

Detalle 1

Detalle 2

Notas

Tatuaje

Diseño:

Cliente:

Fecha prevista:

Lugar de aplicación

Paleta de colores

Diseño previo

Detalle 1

Detalle 2

Notas

Tatuaje

Diseño:

Cliente:

Fecha prevista:

Paleta de colores

Lugar de aplicación

Diseño previo

Detalle 1

Detalle 2

Notas

Tatuaje

Diseño:

Cliente:

Fecha prevista:

Lugar de aplicación

Paleta de colores

Diseño previo

Detalle 1

Detalle 2

Notas

Tatuaje

Diseño:

Cliente:

Fecha prevista:

Lugar de aplicación

Paleta de colores

Diseño previo

Detalle 1

Detalle 2

Notas

Tatuaje

Diseño:

Cliente:

Fecha prevista:

Lugar de aplicación

Paleta de colores

Diseño previo

Detalle 1

Detalle 2

Notas

Tatuaje

Diseño:

Cliente:

Fecha prevista:

Lugar de aplicación

Paleta de colores

Diseño previo

Detalle 1

Detalle 2

Notas

Tatuaje

Diseño:

Cliente:

Fecha prevista:

Paleta de colores

Lugar de aplicación

Diseño previo

Detalle 1

Detalle 2

Notas

Tatuaje

Diseño:

Cliente:

Fecha prevista:

Paleta de colores

Lugar de aplicación

Diseño previo

Detalle 1

Detalle 2

Notas

Tatuaje

Diseño:

Cliente:

Fecha prevista:

Paleta de colores

Lugar de aplicación

Diseño previo

Detalle 1

Detalle 2

Notas

Tatuaje

Diseño:

Cliente:

Fecha prevista:

Lugar de aplicación

Paleta de colores

Diseño previo

Detalle 1

Detalle 2

Notas

Tatuaje

Diseño:

Cliente:

Fecha prevista:

Paleta de colores

Lugar de aplicación

Diseño previo

Detalle 1

Detalle 2

Notas

Tatuaje

Diseño:

Cliente:

Fecha prevista:

Lugar de aplicación

Paleta de colores

Diseño previo

Detalle 1

Detalle 2

Notas

Tatuaje

Diseño:

Cliente:

Fecha prevista:

Lugar de aplicación

Paleta de colores

Diseño previo

Detalle 1

Detalle 2

Notas

Tatuaje

Diseño:

Cliente:

Fecha prevista:

Paleta de colores

Lugar de aplicación

Diseño previo

Detalle 1

Detalle 2

Notas

Tatuaje

Diseño:

Cliente:

Fecha prevista:

Lugar de aplicación

Paleta de colores

Diseño previo

Detalle 1

Detalle 2

Notas

Tatuaje

Diseño:

Cliente:

Fecha prevista:

Paleta de colores

Lugar de aplicación

Diseño previo

Detalle 1

Detalle 2

Notas

Tatuaje

Diseño:

Cliente:

Fecha prevista:

Paleta de colores

Lugar de aplicación

Diseño previo

Detalle 1

Detalle 2

Notas

Tatuaje

Diseño:

Cliente:

Fecha prevista:

Lugar de aplicación

Paleta de colores

Diseño previo

Detalle 1

Detalle 2

Notas

Tatuaje

Diseño:

Cliente:

Fecha prevista:

Lugar de aplicación

Paleta de colores

Diseño previo

Detalle 1

Detalle 2

Notas

Tatuaje

Diseño:

Cliente:

Fecha prevista:

Lugar de aplicación

Paleta de colores

Diseño previo

Detalle 1

Detalle 2

Notas

Tatuaje

Diseño:

Cliente:

Fecha prevista:

Paleta de colores

Lugar de aplicación

Diseño previo

Detalle 1

Detalle 2

Notas

Tatuaje

Diseño:

Cliente:

Fecha prevista:

Lugar de aplicación

Paleta de colores

Diseño previo

Detalle 1

Detalle 2

Notas

Tatuaje

Diseño:

Cliente:

Fecha prevista:

Lugar de aplicación

Paleta de colores

Diseño previo

Detalle 1

Detalle 2

Notas

Tatuaje

Diseño:

Cliente:

Fecha prevista:

Paleta de colores

Lugar de aplicación

Diseño previo

Detalle 1

Detalle 2

Notas

Tatuaje

Diseño:

Cliente:

Fecha prevista:

Lugar de aplicación

Paleta de colores

Diseño previo

Detalle 1

Detalle 2

Notas

Tatuaje

Diseño:

Cliente:

Fecha prevista:

Paleta de colores

Diseño previo

Lugar de aplicación

Detalle 1

Detalle 2

Notas

Tatuaje

Diseño:

Cliente:

Fecha prevista:

Paleta de colores

Lugar de aplicación

Diseño previo

Detalle 1

Detalle 2

Notas

Tatuaje

Diseño:

Cliente:

Fecha prevista:

Paleta de colores

Lugar de aplicación

Diseño previo

Detalle 1

Detalle 2

Notas

Tatuaje

Diseño:

Cliente:

Fecha prevista:

Lugar de aplicación

Paleta de colores

Diseño previo

Detalle 1

Detalle 2

Notas

Tatuaje

Diseño:

Cliente:

Fecha prevista:

Paleta de colores

Lugar de aplicación

Diseño previo

Detalle 1

Detalle 2

Notas

Tatuaje

Diseño:

Cliente:

Fecha prevista:

Lugar de aplicación

Paleta de colores

Diseño previo

Detalle 1

Detalle 2

Notas

Tatuaje

Diseño:

Cliente:

Fecha prevista:

Lugar de aplicación

Paleta de colores

Diseño previo

Detalle 1

Detalle 2

Notas

Tatuaje

Diseño:

Cliente:

Fecha prevista:

Paleta de colores

Lugar de aplicación

Diseño previo

Detalle 1

Detalle 2

Notas

Tatuaje

Diseño:

Cliente:

Fecha prevista:

Paleta de colores

Lugar de aplicación

Diseño previo

Detalle 1

Detalle 2

Notas

Tatuaje

Diseño:

Cliente:

Fecha prevista:

Paleta de colores

Lugar de aplicación

Diseño previo

Detalle 1

Detalle 2

Notas

Tatuaje

Diseño:

Cliente:

Fecha prevista:

Lugar de aplicación

Paleta de colores

Diseño previo

Detalle 1

Detalle 2

Notas

Tatuaje

Diseño:

Cliente:

Fecha prevista:

Paleta de colores

Lugar de aplicación

Diseño previo

Detalle 1

Detalle 2

Notas

Tatuaje

Diseño:

Cliente:

Fecha prevista:

Lugar de aplicación

Paleta de colores

Diseño previo

Detalle 1

Detalle 2

Notas

Tatuaje

Diseño:

Cliente:

Fecha prevista:

Paleta de colores

Lugar de aplicación

Diseño previo

Detalle 1

Detalle 2

Notas

Tatuaje

Diseño:

Cliente:

Fecha prevista:

Paleta de colores

Lugar de aplicación

Diseño previo

Detalle 1

Detalle 2

Notas

Tatuaje

Diseño:

Cliente:

Fecha prevista:

Paleta de colores

Lugar de aplicación

Diseño previo

Detalle 1

Detalle 2

Notas

Tatuaje

Diseño:

Cliente:

Fecha prevista:

Paleta de colores

Lugar de aplicación

Diseño previo

Detalle 1

Detalle 2

Notas

Tatuaje

Diseño:

Cliente:

Fecha prevista:

Paleta de colores

Lugar de aplicación

Diseño previo

Detalle 1

Detalle 2

Notas

Tatuaje

Diseño:

Cliente:

Fecha prevista:

Paleta de colores

Lugar de aplicación

Diseño previo

Detalle 1

Detalle 2

Notas

Tatuaje

Diseño:

Cliente:

Fecha prevista:

Lugar de aplicación

Paleta de colores

Diseño previo

Detalle 1

Detalle 2

Notas

Tatuaje

Diseño:

Cliente:

Fecha prevista:

Paleta de colores

Lugar de aplicación

Diseño previo

Detalle 1

Detalle 2

Notas

Tatuaje

Diseño:

Cliente:

Fecha prevista:

Paleta de colores

Lugar de aplicación

Diseño previo

Detalle 1

Detalle 2

Notas

Tatuaje

Diseño:

Cliente:

Fecha prevista:

Paleta de colores

Lugar de aplicación

Diseño previo

Detalle 1

Detalle 2

Notas

Tatuaje

Diseño:

Cliente:

Fecha prevista:

Paleta de colores

Lugar de aplicación

Diseño previo

Detalle 1

Detalle 2

Notas

Tatuaje

Diseño:

Cliente:

Fecha prevista:

Lugar de aplicación

Paleta de colores

Diseño previo

Detalle 1

Detalle 2

Notas

www.ingramcontent.com/pod-product-compliance
Lightning Source LLC
Chambersburg PA
CBHW080549220526
45466CB00010B/3090